D1389400

LE JARDIN DES DÉLICES

LE
Chocolat

JILL NORMAN

ROBERT LAFFONT

PARIS

ÉDITION GWEN EDMONDS

MAQUETTE MATHEWSON BULL

PHOTOGRAPHIES DAVE KING

DIRECTION ARTISTIQUE STUART JACKMAN

Traduit de l'anglais par Désirée Girod de l'Ain

TITRE ORIGINAL : CHOCOLATE

© JILL NORMAN, 1989, POUR LE TEXTE
DORLING KINDERSLEY Ltd, 1989, POUR LES ILLUSTRATIONS
TRADUCTION FRANÇAISE : ÉDITIONS ROBERT LAFFONT, S.A., PARIS 1990
ISBN 2–221–06891–2
(ÉDITION ORIGINALE : ISBN 0–86318–380–8)
DORLING KINDERSLEY LIMITED, LONDRES

DÉPÔT LÉGAL : SEPTEMBRE 1990
Nᵒ D'ÉDITION : 32655

IMPRIMÉ ET RELIÉ PAR MOHNDRUCK
RFA

SOMMAIRE

DÉCOUVERTE
DU CHOCOLAT

*A*VANT DE RACONTER L'ÉPOPÉE DU CHOCOLAT, *souvenons-nous qu'on le déguste de plusieurs manières : en boisson, en condiment, dans la pâtisserie et la confiserie. Chacune a sa propre histoire et la boisson est, de loin, la plus ancienne. Elle débute dans les* régions tropicales de l'Amérique du Sud, où le cacaoyer poussait à l'état sauvage depuis toujours et où des générations d'Indiens connaissaient ses vertus depuis des siècles. Les Toltèques et les Itzá furent les premiers à le cultiver : au début du XVIIe siècle, ils développèrent leurs plantations dans la province du Yucatán, et la fève de cacao servit même de monnaie aux tribus de ces régions.

L'Europe découvrit le chocolat en 1502, lorsque Christophe Colomb rapporta en Espagne les premières fèves de cacao. Personne ne savait qu'en faire. Vingt ans plus tard, Moctezuma, le dernier empereur aztèque, proposa à Hernán Cortés

Gravure du XVIe siècle représentant des femmes aztèques préparant le cacao

Fouet taillé dans une seule pièce de bois, utilisé pour faire mousser le "tchocolatl"

une boisson réconfortante appelée « tchocolatl », contraction de deux mots nahuatl qui signifient « fruit et eau ». Le breuvage de Moctezuma était un mélange froid et plutôt amer, fait de fèves de cacao grillées, broyées et mélangées à de l'eau. Cette pâte était épaissie avec de la fécule de maïs et aromatisée avec des épices, de la vanille et du miel pour rendre la boisson plus appétissante. Bernal Díaz note dans son journal *La Conquête de la Nouvelle-Espagne* : « On présentait à l'empereur, dans des coupes d'or fin, un breuvage fait de cacao, dont on disait qu'il le buvait avant d'aller rendre visite à ses femmes. » Cortés ne reconnut pas son pouvoir aphrodisiaque autant que ses qualités toniques, qui amélioraient l'endurance, et il rapporta à son roi : « Une tasse de cette précieuse boisson permet à un homme de marcher un jour entier sans manger. » Cortés apprit à choisir et à traiter les fruits pour préparer la boisson, et, au cours de son voyage de 1528, il planta des fèves de cacao à Haïti, à Trinidad ainsi qu'à Fernando Po.

Indien d'Amérique avec un pot à chocolat et une tasse

LE CHOCOLAT
EN ESPAGNE

*C*HARLES V, *récemment couronné roi d'Espagne et plus nou-vellement encore empereur du Saint-Empire romain, se prit de passion pour la nouvelle boisson. Dans les maisons des nobles espagnols, on se mit à mélanger le chocolat avec miel, épices ou vanille afin d'affiner son goût et de lui enlever toute amertume : autant de concoctions coûteuses à base de pro-duits rares d'importation. Quelle que fût la recette, la boisson, assez épaisse, était servie froide et mousseuse, grâce au fameux fouet aztèque (qu'on appelle aujourd'hui moulinet).*

Au cours du XVIᵉ siècle, le chocolat prit une forme plus liquide, servie chaude. Cette bois-son était présentée dans un pot fort semblable à celui utilisé pour l'autre boisson exotique, le café — alors en vogue à l'époque —, mais dont le couver-cle était percé pour introduire le fameux moulinet. Les tasses à chocolat étaient nette-ment plus hautes que les tasses à café.

*Assiette et tasse
en argent du Pérou
(XVIᵉ siècle)*

Les monastères affinèrent encore la préparation du chocolat et se spécialisèrent dans la confection des petites tablettes. De grandes quantités de fèves brutes furent importées du Mexique, des Antilles britanniques et de la côte africaine. Les plantations de cacao couvrirent les territoires de l'Empire espagnol, qui s'étendait du Venezuela jusqu'aux Philippines et, pendant un siècle, le cacao resta l'apanage florissant de l'Espagne.

Service à chocolat
(Luis Meléndez)

Les rumeurs nées du nouvel engouement pour le chocolat se répandirent à travers les pays européens qui cherchaient à tout prix à se procurer le divin produit. On en faisait des demandes extravagantes. Comme tous les phénomènes de mode, cette boisson était réputée guérir tous les maux et donner des forces insoupçonnées.

LE CHOCOLAT
ENVAHIT L'EUROPE

*A*PRÈS L'ESPAGNE, LA FRANCE FUT LE PREMIER PAYS *d'Europe à succomber à la folie du chocolat. En 1615, la princesse espagnole Anne d'Autriche épousa le jeune roi Louis XIII. Parmi les cadeaux qu'elle lui offrit, il y avait une boîte de ces légendaires tablettes de cacao espagnoles, dont elle était friande.*

La cour ne suivit pas vite sa passion mais, après la mort de son mari en 1643, les invitations chez Anne d'Autriche à boire le chocolat étaient très chic et très prisées. En 1660, une autre princesse espagnole, Marie-Thérèse, épousa Louis XIV, le fils d'Anne. Elle apporta elle aussi du chocolat à une cour désormais conquise. En France comme en Espagne, le chocolat restait l'apanage des grands. Dans les autres pays d'Europe, la richesse allait de pair avec le commerce, et non avec l'aristocratie ; l'usage était différent. Au début du XVIIe siècle, les Hollandais, habitués à braconner sur les possessions espagnoles, se rendirent rapidement compte de la valeur du cacao et Amsterdam ne tarda pas à devenir le port principal pour ce commerce. Encore aujourd'hui, vingt pour cent de la production mondiale de fèves de cacao y transite. La Hollande est le premier pays exportateur de poudre et de beurre de cacao ainsi que de chocolat.

Publicité pour un chocolat français vers 1830

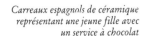
Carreaux espagnols de céramique
représentant une jeune fille avec
un service à chocolat

Boîte à cacao hollandaise,
années 1940

D'Amsterdam, le cacao
se rendit en Allemagne,
en Scandinavie et jusqu'en
Italie. les Italiens raffinèrent
encore la boisson et leurs
fabricants furent renommés en
Europe. L'Autriche importait
encore son cacao d'Espagne
lorsque le futur roi Charles
d'Espagne revint à Vienne en 1711
pour devenir l'empereur
Charles VI. Ce fut alors seulement
que le chocolat devint une véritable boisson nationale, pour la
simple raison que le gouvernement
autrichien taxait peu le produit.
Partout ailleurs, le cacao était une
importante source de profits.

LE CHOCOLAT
EN ANGLETERRE

Publicité pour le cacao Fry vers 1920

LE CACAO fit son apparition en Angleterre vers 1650. En 1648, Thomas Gage, un dominicain ayant parcouru les Amériques, avait découvert son utilisation aux Antilles britanniques où « riches et pauvres adoraient boire le chocolat pur, sans adjonction d'aucun sucre ou arômes ». En 1655, la prise de la Jamaïque laissa aux mains des Anglais de grandes plantations de cacao.

Deux ans plus tard, un marchand eut l'idée d'afficher à la devanture de son magasin : « Vous trouverez ici une excellente boisson antillaise, le chocolat, en vente à Bishopsgate street, chez un marchand français. Dégustation à toute heure de la journée, et vente à emporter. » Cinq ans après l'inauguration de la première maison de dégustation à Londres naquit une formidable concurrence entre commerçants. Ni le chocolat ni le café n'étaient des boissons de cour : les deux produits étaient en vente dans des magasins spécialisés. Samuel Pepys prit sa première tasse de chocolat en 1662 et en fit très vite son habitude matinale « du saut du lit ». Les maisons les plus prestigieuses, *White's* et *The Cocoa Tree*, apparurent vers la fin du XVIIᵉ siècle. Les Anglais innovèrent : ils remplacèrent l'eau par du jaune d'œuf, du vin et parfois du lait (à partir de 1730). Mais la boisson était épaisse, car on y ajoutait de la

Tasse à chocolat et couvercle ;
Angleterre, vers 1805

fécule destinée
à alléger les graisses
du cacao. Le fouet qui
servait à la faire mousser fut
remplacé par le moulin à la fin
du XVIIᵉ siècle. Ce fut Conrad
Van Houten, pharmacien
hollandais, qui fit entrer le
chocolat dans l'ère industrielle. Il
inventa une presse à dégraisser les
fèves et mit au point une méthode
d'alcalisation qui neutralisait les acides et
rendait le chocolat plus soluble.

LE CHOCOLAT
À CROQUER

*L*E PROCÉDÉ DE VAN HOUTEN, *breveté par son père Caspar en 1828, permettait de récupérer une masse de beurre de cacao plus ou moins pure ainsi qu'un pain de chocolat très dur que l'on réduisait en poudre.* Cette poudre de chocolat soluble ouvrit la voie à une utilisation beaucoup plus large, celle du produit chocolaté. *Au XVIIIᵉ siècle, on avait tenté de fabriquer des biscuits au chocolat, mais ceux-ci gardaient un goût amer et une consistance granuleuse qui les rendaient peu appétissants. La Sacher torte — première pâtisserie véritable — n'apparut qu'en 1852.*

*Boîte
de chocolat Rowntree (vers 1925)*

Publicité française (vers 1910)

Le beurre de cacao donna naissance à une industrie nouvelle, la fabrication du chocolat à croquer. Sous forme de tablette, le beurre de cacao — indigeste dans la boisson — avait une douceur exquise. Le point de fusion du beurre de cacao est légèrement inférieur à la température du corps humain ; il fond littéralement dans la bouche. Il fallut attendre encore un peu pour que la tablette produisît cet effet. Les premiers fabricants de chocolat à croquer furent l'entreprise Fry de Bristol en 1728 : ils lancèrent la tablette en 1847. Malgré leur découverte tardive du cacao, les Suisses améliorèrent

à celle du fameux chocolat au lait. A la même époque, Rodolphe Lindt inventa une autre façon de rendre le chocolat plus doux et onctueux.

Boîte de langues de chat au chocolat

beaucoup le produit.

La première usine suisse fut créée en 1819, mais, là comme ailleurs, les premiers grands noms sont toujours d'actualité. Le chocolat a bien prodigué à ses firmes la longévité qu'il était censé donner au consommateur ! Henri Nestlé avait inventé la nourriture pour bébé ainsi que le lait condensé qui en formait la base ; Daniel Peter eut l'idée d'ajouter ce lait au chocolat : en 1875, ces deux découvertes donnèrent lieu

Sa méthode, connue sous le nom de « conchage », affinait la pâte de chocolat et la rendait plus homogène, par brassage dans des pétrins en forme de coquille (*concha* signifie coquille en espagnol).

LE PAYS AMOUREUX
DU CHOCOLAT

ES COLONIES DE L'AMÉRIQUE DU NORD succombèrent assez tard à la folie du chocolat. En 1712, un apothicaire de Boston décida de le mettre en vente, et le commerce du cacao resta l'exclusivité des apothicaires.

On buvait le breuvage pour ses vertus médicinales et ses propriétés reconstituantes, bénéfiques pour l'organisme. Il ne restait rien de l'antique plaisir que prenaient les Aztèques. En 1755, la flotte de Botany Bay se lança dans un commerce en direct avec les Antilles, pour éviter les traversées de l'Atlantique : les prix baissèrent, les délais raccourcirent. Dix ans plus tard, James Baker et un Irlandais du nom de John Hannon construisirent la première entreprise de cacao nord-américaine à l'emplacement d'un vieux moulin à eau. L'Amérique est le pays au monde où le chocolat est le plus apprécié. Les produits chocolatés, dont les Américains raffolent, sont innombrables. Milton

Hershey perfectionna cette industrie. Enthousiasmé par les machines allemandes exposées à Chicago en 1883, il décida d'acheter l'exposition tout entière afin de se livrer à des expériences. En 1903, il construisit sa première usine. Aujourd'hui, la barre Hershey est aux sucreries ce que la bouteille de Coca-Cola est aux boissons sans alcool. Hershey lança sa première barre de chocolat en 1894 et vécut assez longtemps pour constater que son invention servait de ravitaillement aux forces armées américaines durant la Seconde Guerre mondiale. De nos jours, la ville de Hershey, en Pennsylvanie, est devenue un Disneyland géant du chocolat.

Publicité pour les « baisers » Hershey

25 millions de « baisers » Hershey sont emballés tous les jours

LE CACAOYER

*L*E CACAOYER CROÎT DANS LES RÉGIONS *tropicales de l'Amérique du Sud, sa terre d'origine, et dans celles situées entre le 20ᵉ et le 22ᵉ parallèle, à l'exception de l'est et du centre de l'Afrique où le sol est trop pauvre et le climat trop sec.*

L'Afrique occidentale possède les conditions idéales, autour du golfe de Guinée : la Côte-d'Ivoire, le Ghana, le Nigeria et le Cameroun sont à l'heure actuelle les principaux exportateurs, suivis par le Brésil et l'Équateur. Les arbres, dont la durée de vie atteint soixante ans, ne fleurissent qu'au bout de quatre ans. Les feuilles vert foncé sont assez larges et atteignent 30 cm de longueur.

*Plantation de cacao,
1933*

Cabosse

Des roses fleurissent toute l'année autour des tiges qui sortent régulièrement du tronc et des grosses branches, mais seulement vingt ou trente d'entre elles produiront des fruits (il y a deux récoltes par an). Le fruit, appelé cabosse, a la forme d'un petit ballon de rugby. En mûrissant, il change de couleur et passe du vert au jaune, puis à l'orange, au rouge et au violet. La cabosse contient de 30 à 40 fèves violettes lovées dans une pulpe rosée. La pulpe fermente avec les fèves qui prennent une couleur rouge et un arôme

Cabosse sur sa branche

caractéristique. Après la fermentation, les fèves sont séchées au soleil et deviennent brun chocolat. Elles sont ensuite chargées sur des bateaux jusqu'aux pays fabricants.

LE TRAITEMENT DES FÈVES

*A*UJOURD'HUI, LA FABRICATION DU CACAO *n'est plus l'affaire d'un seul producteur : le traitement est confié à des spécialistes qui partent de la fève brute pour obtenir le produit fini : pâte de cacao, beurre de cacao et poudre de cacao sont les principales étapes de la transformation.*

Grué

Lorsque les fèves séchées arrivent à l'usine de traitement, elles sont triées selon leur qualité, puis nettoyées et broyées sous l'action de la centrifugeuse qui livre une pâte appelée « grué ». Les coquilles sont séparées du grué que l'on passe ensuite dans un torréfacteur. La couleur des fèves s'assombrit et l'arôme se dégage pleinement. La torréfaction terminée, on passe si nécessaire à la mouture (tout dépend du mélange que l'on souhaite obtenir). Van Houten se servait de potasse, mais les fabricants eurent ensuite recours à leur propre méthode.

Fèves séchées

Enfin, le grué torréfié se transforme en une
masse liquide : c'est le produit de
base et le point de départ
de la fabrication. Si la masse
liquide est soumise à de très
hautes pressions, le beurre de
cacao (plus de la moitié de
la masse) est libéré et laisse
une pâte de cacao

Beurre de cacao

très dure. Le beurre est ensuite purifié et
entreposé — sous forme liquide ou solide
— dans des réservoirs à température
contrôlée. On peut l'exporter sous ces
deux formes.

Pâte de cacao

Grumeaux de cacao

La pâte de cacao recueillie
est pressée en blocs
qui sont entreposés
pour un usage futur,
puis refondus et pulvé-
risés dans un moulin jusqu'à
obtention d'une poudre de la
finesse requise. Plus la poudre de
cacao sera fine, plus elle sera chaude ; il
faudra la refroidir avant de l'emballer.

LA FABRICATION DU CHOCOLAT

*L*A PÂTE DE CACAO EST TRAITÉE *pour obtenir le chocolat souhaité. La pâte est tout d'abord mélangée à* une grande proportion de sucre — 40 ou 60 pour cent selon la douceur souhaitée — et à divers arômes tels la vanille ou le lait en poudre, pour obtenir du chocolat au lait. Ce mélange passe ensuite dans une broyeuse qui dissout les grumeaux : on obtient ainsi une fine pellicule de produit brut.

Chocolats fins, faits à la main

Boîte de chocolat Suchard, 1910

L'étape suivante s'appelle le conchage. Autrefois brassée par des cylindres, la pâte est aujourd'hui pétrie dans de grandes cuves. Cette opération dure deux jours ou plus pendant lesquels on rajoute du beurre de cacao au mélange afin d'obtenir la consistance désirée. Le liquide chaud est ensuite refroidi pour le moulage. On ajoute au mélange

*Confiserie
(Encyclopédie de Diderot
et D'Alembert, 1763)*

fruits, noix ou noisettes, et on
verse la pâte dans des moules dont
on extrait les bulles d'air. Une fois
le chocolat durci et refroidi, les
moules sont renversés : les
chocolats sont prêts pour
l'emballage.

Les petits chocolats sont obtenus
en plaçant au centre du moule un
noyau dur que l'on recouvre de
chocolat, ou en versant le
chocolat dans des moules creux
qui sont aussitôt renversés afin
qu'une fine couche adhère sur les
côtés. On fourre le fond du moule
et on verse un nouveau nappage
de chocolat par-dessus.

LES VARIÉTÉS DE CHOCOLAT

*F*RY FUT LE PREMIER *à lancer sur le marché la barre de chocolat, vers 1870. Les bonbons nappés de chocolat* apparurent un peu plus tôt, mais les plus célèbres furent les « baisers » de Hershey en 1907 et les sélections de Cadbury en 1914. Frank Mars lança dans les années 1920 les barres fourrées et recouvertes d'une grosse couche de chocolat. L'industrie du chocolat poursuit la diversification de ce produit : barres simples ou fourrées de fruits ou de noisettes ; truffes, bonbons au chocolat, etc.

Gouttes de chocolat

Toutes ces séduisantes variétés, et bien d'autres faites à la maison, partent toujours du produit de base : le chocolat amer, noir, blanc, au lait, ou même parfumé à l'orange, vendu uniquement dans des magasins

Chocolat de confiserie

*Chocolat
de couverture
non sucré*

spécialisés. Pour parfumer
desserts, gâteaux ou pâtis-
series sucrées, on se sert aux
États-Unis de « gouttes » de
chocolat en vente dans les super-
marchés ou de chocolat noir de
couverture (généralement
importé de France).

*Petites gouttes de chocolat,
noir ou au lait*

Recettes

*Toutes les recettes sont prévues
pour 4 personnes (les gâteaux et
les tartes pour un plus grand nombre).*

SUCRE VANILLÉ

Le sucre vanillé est très utile pour certains gâteaux et tartes. Mettre une *gousse de vanille* dans un bocal de *sucre semoule*. Les gousses de vanille gardent longtemps leur arôme et donnent aux desserts un bien meilleur goût que l'essence de vanille artificielle.

CONSEILS POUR FAIRE FONDRE LE CHOCOLAT

À l'aide d'un bon couteau tranchant, casser le chocolat en morceaux dans un bol. Remplir une casserole d'eau. Porter à ébullition, retirer du feu et placer le bol au-dessus de la casserole. Vérifier que le fond du bol ne touche pas l'eau bouillante. Couvrir afin de garder la chaleur. Remuer de temps en temps pour faire fondre le chocolat. Dix minutes après, tourner régulièrement jusqu'à ce que le chocolat soit bien fluide et onctueux. Pour un glaçage, laisser le chocolat refroidir jusqu'à ce qu'il épaississe un peu, en gardant le bol au-dessus de la casserole. Si le chocolat durcit, le faire fondre à nouveau au-dessus de la casserole.

CHARLOTTE AU CHOCOLAT

150 g de beurre
125 g de sucre
175 g de chocolat noir
1 jaune d'œuf
12,5 cl de lait
12,5 cl de rhum ou de cognac
12,5 cl d'eau
125 g de biscuits à la cuillère

Battre au fouet le beurre et le sucre pour obtenir un mélange pâle et aéré. Faire fondre le chocolat au bain-marie. Battre le jaune d'œuf avec le lait. Verser le mélange œuf-lait dans le chocolat. Ajouter ensuite le mélange beurre-sucre. Battre le tout pour obtenir une mousse légère. Diluer le rhum dans l'eau et y plonger les biscuits à la cuillère. Beurrer un moule à charlotte, en garnir le fond et les côtés de biscuits légèrement imbibés. Remplir le fond du moule avec une couche de mélange au chocolat et rajouter une rangée de biscuits par-dessus. Verser une nouvelle couche de mélange puis garnir de biscuits. Couvrir le tout d'une assiette et placer au réfrigérateur pendant 12 heures. Démouler sur une assiette. Faire fondre le reste de chocolat, mélanger avec une noix de beurre jusqu'à ce qu'il soit bien onctueux et verser le tout sur la charlotte.

SOUFFLÉ AU CHOCOLAT

150 g de chocolat noir
125 g de beurre
125 g de sucre en poudre
6 œufs
3 cuillerées à soupe de chapelure
2 cuillerées à soupe de farine tamisée

Faire fondre le chocolat avec deux cuillerées à soupe d'eau. Battre le sucre et le beurre pour obtenir un mélange bien pâle et crémeux. Ajouter les jaunes d'œufs, un par un, et continuer à battre jusqu'à ce que la crème soit mousseuse. Rajouter la chapelure, la farine et le chocolat. Fouetter les blancs d'œufs en neige très ferme et incorporer au mélange. Verser le tout dans un plat à soufflé. Mettre au four préchauffé à 190 °C (th. 5), et laisser cuire une heure environ.

MOUSSE AU CHOCOLAT

125 g de chocolat noir
4 œufs

Faire fondre le chocolat au
bain-marie. Remuer jusqu'à ce
qu'il soit lisse. Préparer les jaunes
d'œufs pour les verser dans le
chocolat tiédi. Battre les blancs en
neige très ferme et les incorporer
au mélange. Verser dans des petits
ramequins et placer au réfrigérateur pendant 12 heures.

Variantes
Faire fondre le chocolat avec deux
cuillerées à soupe de café bien fort.
Ajouter deux cuillerées à soupe de
cognac, de whisky ou de
Grand-Marnier avant d'incorporer les blancs en neige.
Ajouter 50 g d'amandes pilées
et 4 cuillerées de crème fraîche
avant d'incorporer les blancs en
neige.

DESSERT AU CHOCOLAT ET À LA FRAMBOISE

250 g de framboises
30 cl de crème fraîche
2 cuillerées à soupe de sucre
2 cuillerées à soupe de kirsch
175 g de chocolat noir râpé

Battre la crème fraîche, le sucre et
le kirsch afin que le mélange
prenne une consistance légère.
Ajouter ensuite les trois quarts du
chocolat râpé. Disposer les
framboises dans un bol et verser la
crème par-dessus. Saupoudrer
l'ensemble du reste de chocolat.
Placer au réfrigérateur avant de
servir.

MARQUISE AU CHOCOLAT

125 g de chocolat noir
50 g de sucre glace
75 g de beurre
3 œufs

Faire fondre le chocolat en tournant jusqu'à ce qu'il soit onctueux. Ajoutez le sucre puis le beurre coupé en petits dés. Retirer du feu et ajouter les jaunes d'œufs un par un. Monter les blancs en neige ferme et les incorporer à la crème au chocolat. Rincer un saladier à l'eau froide et remplir avec la marquise. Placer au réfrigérateur pendant 12 heures. Sortir le gâteau et plonger le moule dans l'eau bouillante. Démouler et servir le gâteau avec de la crème fouettée.

CRÈMES AU CHOCOLAT ET À LA CANNELLE

50 g de chocolat noir
30 cl de crème légère
2 œufs
1 jaune d'œuf
1/2 cuillerée à café de cannelle en poudre
2 cuillerées à soupe de sucre

Faire fondre le chocolat et faire bouillir la crème. La verser dans le chocolat fondu en tournant bien. Battre les œufs, la cannelle et le sucre. Verser doucement le tout dans le chocolat et la crème. Filtrer la crème à travers une passoire et verser dans des ramequins. Placer les ramequins dans un moule rempli d'eau chaude. Couvrir le tout avec un papier d'aluminium et faire cuire à four préchauffé à 160 °C pendant 20 minutes. Vérifier avec la pointe d'un couteau que les crèmes sont bien prises. Placer au réfrigérateur avant de servir.

GLACE AU CHOCOLAT

50 g de cacao
60 cl de lait ou de crème légère
100 g de sucre en poudre
3 jaunes d'œufs

Verser le cacao dans le lait et porter à ébullition tout en remuant. Battre sucre et jaunes d'œufs ensemble jusqu'à ce que le mélange soit pâle et verser petit à petit le lait bouillant. Verser à nouveau le mélange obtenu dans la casserole et remuer à feu très doux afin que la crème soit suffisamment épaisse pour couvrir le dos d'une cuillère. Verser le tout dans un bol pour que la préparation refroidisse en tournant de temps en temps pour éviter qu'une peau ne se forme, puis mettre la glace dans une sorbetière. Placer ensuite dans le réfrigérateur.

Variantes

Avant de mettre la préparation au réfrigérateur, ajouter 75 g de gingembre cristallisé, haché.
Trois cuillerées à soupe de whisky ou de cognac.
Trois cuillerées à soupe de Grand-Marnier et une cuillerée d'écorce d'orange rapées.
50 g de pépites de chocolat.

CHOCOLAT LIÉGEOIS

glace au chocolat selon recette
15 cl de crème fouettée
1 cuillerée de sucre en poudre
cacao

Glacer quatre grands verres. Sortir la glace du congélateur 20 minutes avant de préparer le chocolat liégeois. Fouetter la crème jusqu'à ce qu'elle double de volume, en ajoutant le sucre peu à peu. Remplir chaque verre de glace et décorer le dessus de crème fouettée. Saupoudrer de cacao avant de servir.

℘ARFAIT AU MARRON ET AU CHOCOLAT

15 cl d'eau
125 g de sucre
4 jaunes d'œufs
125 g de chocolat noir
3 cuillerées à soupe de lait
30 cl de crème fraîche épaisse
125 g de purée de marrons

Porter l'eau et le sucre à ébullition pendant 3 minutes et retirer du feu. Battre les jaunes d'œufs. Ajouter le sirop en tournant vite afin de faire refroidir le mélange.

Faire fondre le chocolat dans le lait, tourner jusqu'à ce que la crème soit onctueuse, et verser ensuite petit à petit dans la crème œuf-sirop. Battre jusqu'à ce qu'elle soit légère et aérée. Verser la crème fraîche et la purée de marron dans la crème au chocolat. Mettre le tout dans un plat à soufflé au réfrigérateur pendant 6 heures. Pour démouler, plonger un instant le plat dans un bol d'eau chaude.

GÂTEAU NAPPÉ DE CHOCOLAT BLANC

175 g de noix pilées
5 cuillerées à soupe de chapelure
175 g de chocolat noir râpé
175 g de sucre en poudre
50 g de farine fine
1 cuillerée à soupe de levure alsacienne
une pincée de sel
125 g de beurre ramolli
2 cuillerées à soupe de cognac ·
6 gros œufs (jaunes et blancs séparés)
12,5 cl de crème épaisse
75 g de chocolat blanc

Beurrer un moule et tapisser le fond de papier d'aluminium également beurré. Mélanger les sept premiers ingrédients et incorporer ensuite le beurre à l'aide d'un mixeur. Ajouter le cognac, les jaunes d'œufs et bien mélanger. Battre les blancs d'œufs en neige ferme et les incorporer à la pâte. Verser le mélange dans le moule et faire cuire à four préchauffé à 180 ºC (th. 4) pendant une heure. Laisser refroidir le gâteau sur une grille métallique. Démouler et mettre au réfrigérateur. Avant de servir, décorer le gâteau avec 12,5 cl de crème fraîche battue avec 75 g de chocolat blanc fondu et refroidi.

Faire fondre le chocolat au four sur une assiette. Laisser refroidir. Battre le beurre et le sucre dans un bol jusqu'à ce que le mélange soit pâle et mousseux. Verser ensuite le chocolat puis les jaunes d'œufs un à un et bien mélanger. Battre les blancs en neige ferme et mélanger à la crème au chocolat avec une cuillère métallique. Verser doucement la farine tamisée. Préparer un moule bien beurré et fariné ; y verser le mélange en le lissant bien pour éviter la formation de bulles d'air, et faire cuire au four préchauffé. Faire refroidir sur une grille métallique et recouvrir d'une couche de confiture d'abricots, puis de chocolat fondu. »
Recette de Barbara Maher, *Gâteaux*, 1982

LA SACHERTORTE D'ANNA (1883)

« 140 g de chocolat noir
100 g de beurre
140 g de sucre en poudre
4 jaunes d'œufs
4 blancs d'œufs
70 g de farine
Four à 180 °C (th. 3)
Temps de cuisson : 1 heure

TARTE AU CHOCOLAT

250 g de pâte brisée
125 g de chocolat noir
75 g de sucre en poudre
4 œufs
30 cl de crème fraîche épaisse

Garnir de pâte brisée un moule de 25 cm de diamètre. Piquer le fond avec une fourchette. Faire fondre le chocolat et remuer doucement. Retirer du feu et verser le sucre, les œufs et la crème. Verser le tout dans le moule garni, et faire cuire à four préchauffé à 200 °C pendant 25 minutes environ. Servir froid.

GÂTEAU AU CHOCOLAT ET AUX AMARETTI

50 g de beurre
3 œufs, blancs et jaunes séparés
6 amaretti (petits macarons italiens),
écrasés
50 g de cacao
75 g de sucre
30 cl de crème

Fouetter le beurre avec les jaunes d'œufs jusqu'à ce que le mélange pâlisse, puis ajouter amaretti, cacao, sucre et crème. Battre les œufs en neige ferme et ajouter au mélange. Verser dans un petit moule beurré, et mettre le tout dans un moule à gâteau rempli d'eau chaude. Faire cuire à four préchauffé à 200 °C (th. 7) pendant 40 minutes. Sortir le moule et laisser refroidir sans démouler sur une grille métallique. Le gâteau durcit petit à petit.

GÂTEAU AU CHOCOLAT

175 g de chocolat noir
175 g de beurre
125 g de sucre en poudre
125 g de farine
4 œufs, jaunes et blancs séparés

Faire fondre le chocolat. Mélanger beurre et sucre jusqu'à obtenir une crème pâle. Ajouter le chocolat, puis la farine et les jaunes d'œufs, bien mélanger l'ensemble. Monter les blancs en neige. Les ajouter. Verser le tout dans un moule beurré et faire cuire à four préchauffé à 190 °C (th. 5) pendant 30 minutes environ. Laisser refroidir sur une grille métallique.

GÂTEAU AU CHOCOLAT

Recette de Marcel Boulestin, 1925
« Les ingrédients nécessaires à la confection de ce gâteau très simple sont :

450 g de chocolat râpé
450 g de sucre en poudre
60 g d'amandes effilées
60 g de beurre
30 g de farine
3 œufs

Prendre un moule en couronne, genre savarin. Mettre le beurre dans un saladier et le travailler afin qu'il monte en crème, puis ajouter en premier lieu les jaunes d'œufs, ensuite les autres ingrédients en terminant par les blancs battus en neige ferme. Beurrer un papier sulfurisé (ou d'aluminium), tapisser le fond du moule, y verser le mélange et faire cuire à four doux pendant trois quart d'heure. »

BROWNIES

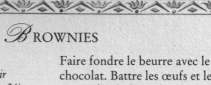

125 g de beurre
125 g de chocolat noir
250 g de sucre vanillé (p. 24)
4 œufs
125 g de farine autolevante
125 g de noix pilées

Faire fondre le beurre avec le chocolat. Battre les œufs et le sucre afin d'obtenir un mélange léger et pâle que l'on verse ensuite dans la crème au chocolat. Tamiser la farine au-dessus du bol et mélanger. Ajouter les noix pilées. Beurrer et fariner légèrement un moule à gâteau profond et carré, y verser la crème et faire cuire à four préchauffé à 180 °C (th. 4) pendant 25 à 30 minutes. Laisser refroidir dans le moule et découper le gâteau en carrés.

MACARONS AU CHOCOLAT

75 g de chocolat
125 g de sucre vanillé (p. 24)
175 g de noisettes émondées
et pilées (p. 39)
1/2 cuillerée à café de cannelle râpée
(facultatif)
2 blancs d'œufs

Faire fondre le chocolat. Retirer du feu et ajouter les autres ingrédients en mélangeant bien pour obtenir une pâte homogène.

Recouvrir la plaque du four de papier sulfurisé, former de petites boules avec la pâte et aligner sur le papier. Aplatir le dessus des petits gâteaux et faire cuire à four préchauffé à 180 °C (th. 4) pendant 12 à 15 minutes. Passer un torchon humide sous le papier si les macarons adhèrent. Retirer du four et laisser refroidir sur une grille métallique.

COOKIES AUX PÉPITES DE CHOCOLAT

125 g de beurre
50 g de sucre vanillé (p. 24)
50 g de sucre brun
1 œuf
125 g de farine
1/2 cuillerée à café de bicarbonate
de soude
1 pincée de sel
125 g de pépites de chocolat

Beurrer une plaque et aligner des petits tas de pâte un peu espacés, car ils s'étaleront à la cuisson. Faire cuire à four préchauffé à 190 °C (th. 5) pendant 10 minutes. Sortir du four quand les cookies sont encore mous au centre et laisser reposer sur la plaque 5 minutes avant de sortir du four.

Battre ensemble le beurre, les sucres et l'œuf pour obtenir un mélange mousseux. Verser la farine, le bicarbonate de soude et le sel en tournant bien le tout.

Variante
Couper en petits morceaux 125 g de chocolat blanc (à la place des pépites) et ajouter à la farine 2 cuillerées de cacao.

ℬOULETTES AUX NOIX ET AUX RAISINS SECS

50 g d'amandes émondées
50 g de noisettes émondées (p. 39)
75 g de raisins secs
50 g d'abricots secs
4 cuillerées à soupe de rhum
ou de cognac
150 g de chocolat noir ou au lait

Écraser finement les noisettes, les raisins secs et les abricots secs (au mixeur). Ajouter le rhum au mélange. Faire fondre le chocolat en tournant bien et ajouter noisettes et fruits secs. Laisser légèrement refroidir puis verser des cuillerées de ce mélange sur une plaque recouverte de papier sulfurisé. Laisser durcir pendant 2 heures.

ℬOULETTES AUX NOISETTES

175 g de noisettes émondées et hachées
175 g de sucre glace
125 g de chocolat noir râpé
3 cuillerées à soupe de rhum
2 jaunes d'œufs
75 g de cacao

Mélanger les noisettes, le sucre et le chocolat dans un bol. Ajouter le rhum et les jaunes d'œufs. Bien mélanger le tout. Verser le cacao dans une jatte. Former des boules de pâte, les rouler dans le cacao et mettre au réfrigérateur.

Variante
Remplacer le rhum par du chocolat blanc.

ORANGETTES

Plonger dans le chocolat fondu de longs morceaux d'écorce d'orange confite, sur toute leur longueur ou seulement sur la moitié. Laisser refroidir.

MASSEPAINS AU CHOCOLAT

Préparer les massepains 24 heures avant de les napper de chocolat pour qu'ils soient bien secs, sinon le chocolat ne tiendra pas.

375 g d'amandes en poudre
375 g de sucre glace
2 ou 3 cuillerées à soupe d'eau de rose
1 blanc d'œuf légèrement battu
quelques gouttes d'essence d'amande
amère (facultatif)
250 g de chocolat noir

Mélanger dans un bol les amandes et le sucre. Ajouter l'eau de rose, le blanc d'œuf et l'essence d'amande. Pétrir à la main pour obtenir une pâte bien homogène. Former une boule et la garder dans un papier. Au réfrigérateur, le massepain se conservera plus de deux mois. Façonner des boulettes. Faire fondre le chocolat. Étaler sur la plaque du four une feuille de papier sulfurisé. À l'aide d'une fourchette, plonger les boulettes dans le chocolat fondu. Quand elles sont bien nappées, les égoutter et les laisser refroidir sur un plat avant de servir sur le plat ou dans les caissettes de papier.

GINGEMBRE AU CHOCOLAT

Procéder de même que pour les massepains en trempant dans le chocolat du gingembre cristallisé en morceaux pas trop gros.

TRUFFES

250 g de chocolat noir
5 cl de crème fraîche épaisse
75 g de beurre ramolli
2 cuillerées à soupe de sucre semoule
2 jaunes d'œufs
2 cuillerées à soupe de kirsch
50 g de cacao

Faire fondre le chocolat dans un peu d'eau. Remuer afin qu'il soit bien onctueux, puis ajouter la crème, le beurre et le sucre petit à petit. Laisser un peu refroidir, puis rajouter les jaunes d'œufs et le cognac. Battre afin que le mélange soit bien lisse et brillant. Laisser refroidir plusieurs heures. Verser le cacao dans un bol. Façonner des boulettes de pâte à truffes, les rouler dans le cacao. Mettre au réfrigérateur. Les sortir 1/4 d'heure avant de servir. Elles se conserveront 2 ou 3 jours.

Variantes
Remplacer le kirsch par du whisky, du rhum ou du cognac.

Ajouter 1 ou 2 cuillerées à café d'écorce d'orange râpée avec du whisky ou de la liqueur d'orange (ou du Cointreau).

Ajouter 2 cuillerées à café de grains de café moulus et du cognac.

Recouvrir les truffes de sucre glace, d'un mélange de cacao et de cannelle, de chocolat râpé ou de vermicelles de chocolat.

NOIX ET NOISETTES AU CHOCOLAT

Noix, noisettes, noix de pécan, amandes enrobées de chocolat sont toujours délicieuses. Les noisettes seront grillées 10 minutes à four doux, puis roulées dans un torchon pour que la peau se décolle. Vérifier que les noix soient bien sèches avant de les plonger dans le chocolat.

CHOCOLAT À L'ESPAGNOLE

125 g de chocolat
45 cl de lait
1/2 cuillerée à café de cannelle en poudre
2 œufs

Râper le chocolat dans le lait, ajouter la cannelle et faire fondre en chauffant à feu doux, en tournant régulièrement. Battre les œufs et les ajouter à la crème. Continuer de battre jusqu'à ce que le chocolat épaississe, mais sans laisser bouillir.

CHOCOLAT VIENNOIS

12,5 cl de crème fouettée
1 cuillerée à soupe de sucre glace
125 g de chocolat
45 cl de lait

Fouetter la crème jusqu'à ce qu'elle double de volume, tout en versant le sucre petit à petit. Mettre au réfrigérateur. Râper le chocolat dans le lait et faire chauffer à feu doux, en remuant pour bien faire fondre le chocolat. Verser dans des coupes et surmonter d'un gros nuage de crème fouettée bien glacée.

INDEX

REMERCIEMENTS

PHOTOGRAPHIE
DE COUVERTURE
DAVE KING

ILLUSTRATIONS
JANE THOMSON

ASSISTANTE À
LA CONCEPTION
SUE CORNER

PHOTOCOMPOSITION
EMPREINTES
ANTONY

Pour les photographies et les objets :
4 PHOTO : JEAN-LOUP CHARMET 5 PHOTO : JEAN-LOUP CHARMET 6 MRS MABEL MARANON
BURNS 7 PRADO MADRID, PHOTO : ARXIU MAS 8 PHOTO : JEAN-LOUP CHARMET 9 MUSÉE DES ARTS
DÉCORATIFS, MADRID, PHOTO : ARXIU MAS 10 DOCUMENTATION PHOTOGRAPHIQUE MARY
EVANS 11 GERALD BATTEN LTD, LONDRES 12 PHOTOS JEAN-LOUP CHARMET 12,13 RETROGRAPH
ARCHIVE COLLECTION, LONDRES 15 HERSHEY FOOD, SOCIETY, HERSHEY, PENNSYLVANIE,
ÉTATS-UNIS 16 RETROGRAPH ARCHIVE COLLECTION, LONDRES 17 CENTRE DE RECHERCHE
CADBURY-SCHWEPPES 18-19 CENTRE DE RECHERCHE CADBURY-SCHWEPPES 18 BIBLIOTHÈQUE
BODLÉIENNE, OXFORD 21 PHOTO JEAN-LOUP CHARMET 20 BAS : RETROGRAPH ARCHIVE COLLECTION,
LONDRES 22 BIBLIOTHÈQUE BODLÉIENNE, OXFORD ELINOR BREMAN ET LAURA CLIPSHAW POUR LA
PRÉPARATION DES GÂTEAUX
CYNTHIA HOLE POUR LA DOCUMENTATION